GANHAR DINHEIRO COM SUA CONTA INSTAGRAM PARA 2019

OBTER MILHARES DE SEGUIDORES REAIS
RAPIDAMENTE, GANHAR DINHEIRO COM CADA FOTO
QUE VOCÊ ENVIAR COM SUA CONTA PESSOAL

Gaston Echevarria

Tabela de Conteúdos

Introdução A realidade do mercado

Todo mês, mais de um bilhão de pessoas se conectam ao Instagram, interagem com o conteúdo e o publicam na plataforma.

Longe de ser uma das plataformas de mídia social mais visitadas e frequentemente usadas, ainda mais do que o Facebook, o Instagram se tornou a plataforma "primária" para empresários, anunciantes e comerciantes sérios que procuram construir seus negócios online.

E mesmo que o Instagram seja 100% gratuito para começar - e você pode ter uma nova conta Instagram funcionando em menos de cinco minutos.

A verdade é que a grande maioria dos empresários, anunciantes e vendedores não estão usando o Instagram da maneira correta para construir seus negócios ou criar o tipo de futuro financeiro com o qual sempre sonharam.

Honestamente, a maior parte do mercado do Instagram é pouco mais do que "marketing tradicional" aplicado ao mundo digital - e isso não vai mais cortar a mostarda.

Não, se você vai fazer seu marketing no Instagram deixar o parque e realmente transformá-lo em um poderoso canal de marketing, você tem que saber exatamente o que está fazendo.

Além disso, porque estás a enfrentar

uma concorrência estabelecida e dura, também precisas de tirar partido do maior número possível de listas de verificação de atalhos para chegares ao topo o mais rapidamente possível.

Aqui estão algumas dicas e truques críticos nesta lista de verificação rápida que irá ajudá-lo a fazer exatamente isso.

Vamos mergulhar!

Que estratégia devo seguir?

A maioria das pessoas executa seu marketing diretamente fora dos trilhos no início, nem mesmo percebendo que todo o seu marketing Instagram e foi construído sobre uma base de areia e não concreto.

A maioria das pessoas simplesmente joga diferentes abordagens de marketing na parede do Instagram e espera que algo fique preso, ao invés de adotar uma abordagem sistemática e focada para criar um marketing que realmente tenha uma chance de funcionar.

> *Mas não o farás!*

Você não vai, já que você está lendo

esta lista de verificação rápida e seguindo todas as dicas e truques que poderíamos compartilhar, você vai ter uma vantagem quase injusta sobre a concorrência para criar um marketing realmente eficaz que realmente funcione.

Você será capaz de começar do início (onde você precisa criar essa base sólida) e construir a partir daí.

> ### *Identifique o seu cliente potencial perfeito*

A primeira coisa que você tem que fazer (mesmo antes de criar uma nova conta no Instagram) é criar uma imagem clara e cristalina de quem é o seu cliente potencial perfeito.

Você precisa saber o que eles estão

mais interessados em obter de você, o que eles estão mais interessados em ver e interagir com o Instagram, e os "botões quentes" que os forçam a passar de seguidores do Instagram para clientes pagantes o mais rápido humanamente possível.

Uma vez que você tenha essa imagem clara e cristalina de quem é esse cliente perfeito, você vai querer criar cada uma das peças de conteúdo do Instagram que você criar (assim como quaisquer outras peças de marketing que você fabricar) para eles e apenas para eles.

Muitas pessoas cometem o erro de tentar ser tudo para todos com seu marketing no Instagram, perdendo toda a marca e obtendo zero seguidores ao invés de focar em seu nicho específico, ignorando a esmagadora maioria das pessoas que não se tornariam clientes de qualquer maneira.

➢ *Tire grandes ideias dos seus concorrentes*

Depois de estabelecer firmemente a imagem de seu prospecto perfeito, é hora de ir ver as 15 ou 20 melhores contas Instagram em sua indústria, realmente tentando ter uma idéia do que eles estão fazendo tão efetivamente em seu mercado.

Não há absolutamente nenhuma razão para tentar reinventar a roda quando se trata de marketing online, especialmente quando seus concorrentes (seus concorrentes de sucesso, de qualquer maneira) não só abriram o caminho para você seguir, mas deixaram muito fácil de entender e copiar pistas para você também.

Algumas pessoas ficam um pouco apreensivas sobre "roubar" idéias de conteúdo concorrente, mas você vai querer superar isso assim que for humanamente possível.

Nós não estamos sugerindo de forma alguma que você realmente rasgue pedaços físicos de conteúdo e passe-os como se fossem seus, mas se você estiver em um nicho de equipamento externo onde seus melhores concorrentes estão postando imagens da vida no acampamento ao amanhecer e ao anoitecer, é melhor você acreditar que está fazendo exatamente o mesmo ou que você vai perder sua marca com suas perspectivas ideais e perder terreno para esses concorrentes sem nenhuma razão aparente.

Isso irá ajudá-lo a acelerar o seu marketing de conteúdo Instagram significativamente, mas também irá ajudá-lo a deslizar para o nível superior de contas Instagram em sua indústria ao publicar o mesmo conteúdo que os "cães grandes" são.

> ### Criar um calendário de marketing de conteúdo

O calendário de marketing de conteúdo é o diferenciador número um entre os vendedores amadores de horas do Instagram e as mídias sociais sérias e especializadas.

Vais definitivamente querer encontrar-te no último grupo.

Empresas líderes em todo o mundo têm

investido uma enorme quantidade de tempo, energia e esforço na tentativa de agilizar e sistematizar ao máximo o processo de aquisição de clientes.

E embora essas grandes empresas multinacionais tenham orçamentos muito maiores do que qualquer coisa que qualquer um de nós possa reunir, a única arma que podemos copiar e usar efetivamente é o calendário de conteúdo.

Lançar a sua campanha de marketing seis meses (ou melhor ainda, um ano) com antecedência com um plano para cada um dos conteúdos que vai publicar num dia muito específico e como parte de uma campanha de marketing muito específica dá-lhe uma vantagem quase injusta sobre o resto da sua concorrência.

Ao estabelecer um entendimento de que

você terá que criar conteúdo para um lançamento três vezes por semana, você não só é capaz de criar essas mensagens com antecedência e prepará-los para o horário nobre, mas você também é capaz de encontrar a peça certa de conteúdo para publicar em um determinado momento para se encaixar em todas as outras abordagens de marketing que você está usando.

Com um calendário de marketing de conteúdo, você pode estar trabalhando em uma campanha do Dia dos Namorados, por exemplo, em meados de junho, com conteúdo para ser publicado no Instagram que vai de mãos dadas com a campanha do Dia dos Namorados, que você vem desenvolvendo do final de janeiro a meados de fevereiro do próximo ano.

Além disso, você pode começar a

automatizar seu marketing no Instagram quando você faz este tipo de abordagem.

Porque você tem todo o seu conteúdo criado e pronto para usar, você pode então criar programas de script ou terceirizar o trabalho de publicação real para outra pessoa, liberando seu tempo para que você possa se concentrar em outras atividades de negócios de alto desempenho sem ter que se preocupar com como você vai preparar uma abordagem de publicidade naquele dia.

Este é um jogo que muda as coisas, e tens de ter 100% de certeza de que o estás a fazer.

TODOS no seu poder para sistematizar, automatizar e delegar a maior parte do seu trabalho.

Tens de crescer o mais depressa possível.

Crescimento, crescimento, crescimento, crescimento - Cresça o maior e o mais rápido que puder

A próxima etapa depois de estabelecer a fundação e comercialização do Instagram foca inteiramente no crescimento de seu acompanhamento tão rápido quanto humanamente possível.

Instagram faz um monte de trabalho pesado para você, ajudando a recomendar sua conta Instagram para outros automaticamente e até mesmo promover ativamente a sua conta através do Instagram Day Postings, hashtags, etc, mas você realmente quer tomar posse do seu marketing Instagram desde o início para fazer sua conta crescer tão grande quanto possível, o mais rápido possível.

Afinal, o maior conteúdo do mundo, perfeitamente adaptado aos seus clientes ideais, valerá NADA a menos que você esteja recebendo os olhos e a participação ativa das pessoas que escolheram seguir sua conta no Instagram.

Sem seguidores, todos os teus esforços são completamente desperdiçados - por isso tens de construir essa pista a partir do solo com uma velocidade da luz.

Aqui estão algumas dicas rápidas para ajudá-lo a fazer exatamente isso!

> ***Influenciadores do Instagram***

Os influenciadores do Instagram - as contas mais frequentemente rastreadas, engajadas e ativas no seu mercado ou indústria - têm a capacidade de levantar qualquer conta com a qual interagem regularmente, bem como qualquer conta que interage regularmente com eles.

Você tem que fazer tudo ao seu alcance para chamar a atenção desses influenciadores do Instagram em sua indústria ou mercado para que eles comecem a promover ativamente o conteúdo que você fornece (e nós lhe mostraremos uma maneira de fazê-lo em apenas um segundo) OU você tem que tentar "roubar o trovão deles" tanto quanto possível, mencionando-os em seu próprio conteúdo para que seus seguidores comecem a prestar atenção a você também.

O marketing do Instagram está rapidamente se tornando um tipo de corrida armamentista, com grandes contas postando novas vagas por hora em vez de uma atualização diária ou até mesmo semanal.

Grandes contas - estamos falando de contas com centenas de milhares ou mesmo milhões de seguidores - precisam de muita atividade para acompanhar seus seguidores famintos, e isso significa que eles precisam de uma enorme quantidade de conteúdo original que eles têm a oportunidade de compartilhar.

É aí que tu, como o "operador mais pequeno", entras.

Porque você não tem que alimentar o mesmo tipo de besta (ainda), você pode pagar não só para criar conteúdo para sua própria conta no Instagram, mas também conteúdo para os principais influenciadores da conta no Instagram.

Ao criar conteúdo que você dá a essas pessoas influentes para compartilhar com seus seguidores 100% livres (embora com atribuições e tags que retornam à sua conta), você pode fazer-lhes um favor enquanto atende às suas próprias necessidades.

Este tipo de contas está muito contente por celebrar este tipo de acordos.

Eles recebem muito conteúdo gratuito e de alta qualidade que não precisam trabalhar muito para criar, manter seus fãs felizes e se associar com recém-chegados da mesma indústria.

Também vais beneficiar da exposição adicional que receberás destas contas de influência do Instagram - e antes de dares por isso terás multidões de seguidores a mergulhar de cabeça na tua conta, tornando-te também um influenciador!

Os concursos em instagram

Outra grande abordagem para aumentar sua conta rapidamente é realizar concursos regulares onde você realmente oferece itens ou serviços de alta qualidade na sua conta do Instagram em troca de mais seguidores.

Essa é uma tática e técnica de marketing comprovada, verdadeira e surpreendentemente eficaz que foi usada muito antes do Instagram ser pensado.

Tudo que você tem que fazer é cumprir a sua parte do acordo - na verdade, oferecer qualquer produto ou serviço que você prometeu - e eles lhe custam um pouco adiantado, mas quando você monetiza ativamente sua conta no

Instagram, você vai perceber que o retorno do investimento vale bem a pena.

Quanto maior o item, mais emocionante o serviço e mais valioso o presente, mais ação você terá e mais seguidores você acumulará.

Se você estiver no niche do golf, por exemplo, dando afastado uma manga das esferas está indo apenas mover a agulha. No entanto, dar uma viagem a Pebble Beach vai fazer com que você nade em mais seguidores do que você sabe o que fazer com eles.

É claro que essa viagem a Pebble Beach vai custar muito mais do que uma manga de bolas, mas como mencionado anteriormente, o retorno do investimento vai valer a pena.

Em vez de pegar um punhado de seguidores por $12, você poderia pegar 10.000 novos seguidores ou mais por $2000. O compromisso deve ser óbvio.

> ➢ *Crie vários canais de monetização com o Instagram*

No final do dia, novos seguidores não são dinheiro no banco a menos que você realmente comece a monetizar seus seguidores e sua conta no Instagram.

A maneira mais fácil de monetizar sua conta Instagram é simplesmente usar sua conta Instagram e conteúdo Instagram como um nível de entrada para o seu funil de marketing.

Você será capaz de empurrar visitantes e seguidores mais e mais profundamente em seus materiais de marketing, transformando pelo menos alguns deles em clientes pagantes - e isso tem um retorno razoável sobre o investimento.

Naturalmente, existem outras maneiras de monetizar sua conta no Instagram - e mesmo se você decidir vender seus próprios produtos e serviços, você vai querer seguir alguns desses caminhos para maximizar sua influência na mídia social e criar várias fontes de renda.

Para começar, você pode procurar outras empresas do seu setor - concorrentes ou aqueles que oferecem serviços complementares - e oferecer para fornecê-los com "conteúdo patrocinado".

Basicamente, você se torna um afiliado

de sua empresa e qualquer venda que você fizer através de sua conta no Instagram lhe pagará uma comissão.

Isto é como muitos dos "modelos Instagram" fazer seu dinheiro online, postar fotos de si mesmos e equipamentos de treinamento ou usando suplementos de treinamento fornecidos por outras empresas e obter uma parte das vendas da filial que eles dirigem.

Essas pessoas estão fazendo uma renda constante a partir deste tipo de marketing da filial por conta própria, por isso é definitivamente vale a pena investigar.

Há muitas maneiras de monetizar o Instagram, e espero que esta lista de verificação rápida tenha lançado um pouco mais de luz sobre o assunto para você seguir em frente.

Adaptação

De agora em diante, eu vou explicar diretamente os tópicos que você precisa para maximizar sua conta no Instagram. Vamos começar!

Se você está interessado em maximizar os lucros e o volume de negócios, então personalizar o seu produto é uma ótima maneira de fazer isso. Há várias razões pelas quais isso é vital para o seu negócio. Aqui estão cinco razões pelas quais deves fazê-lo;

1. *A atenção aos detalhes compensa*
-

Aqui, o foco está nas maneiras que farão com que o seu produto se destaque da multidão. Não só se destacam por um logotipo e marca de classe, mas também mostram que você está cuidando de seu produto. Isso vai empurrá-lo para projetar tudo sobre o seu produto até o último detalhe que os clientes serão capazes de ver e fazê-los querer comprar.

2. *Entenda seus clientes e suas tendências*

Quando você começa a adaptar seu produto, isso significa que você está entendendo as necessidades e desejos de seus clientes. Se você conduzir uma pesquisa sobre o que seus clientes querem e combiná-la com sua linha de produtos, então sua mensagem se torna muito poderosa. Produzir produtos de acordo com as necessidades e preferências dos clientes não só lhe poupará dinheiro, como também ajudará os seus clientes a perceber o quanto eles se preocupam e o quanto você é socialmente responsável.

3. *A personalização ajuda um produto a se destacar*

A adaptação dos seus produtos tem muitas vantagens e ajuda a distinguir os seus produtos e a diferenciar-se da concorrência. Se seus produtos parecem ter tomado algum tempo para ser planejado antes de chegar ao mercado, então é provável que o que você oferece vai manter uma posição forte no mercado, mantendo o seu negócio vai para os próximos anos.

4. *Prevenção da contrafacção*

Para vender eficazmente o seu produto, deixe que os clientes o sintam e cheguem a uma conclusão por si próprios em vez de o exporem a eles. Em vez de recitar uma longa lista de benefícios e recursos, a personalização personalizada mostra seu serviço ou produto em ação, tornando seu produto interessante para um segundo olhar.

Serviços abrangentes de embalagem

Ao adaptar seus produtos, você também tem a vantagem de obter inúmeras ofertas de outros provedores de serviços relacionados. Por exemplo, você pode assinar um inventário administrado obtendo sua fatura em atraso ou um inventário administrado para permitir que um estoque extra possa ser acessado quando necessário e a qualquer momento. Este serviço não só liberta espaço e poupa dinheiro, mas também lhe dá a oportunidade de se concentrar em outras coisas.

Além disso, esses serviços também oferecem verificações de embalagem gratuitas para garantir que sua embalagem atenda às suas necessidades, ajudando-o a reduzir custos. Eles também ajudam no controle de estoque e melhoram a eficiência, permitindo que alguém avance com seu negócio.

Em geral, se você não pensou em personalizar seu produto, é hora de começar a pensar nisso.

Você tem um blog ou um site?

Esta secção é um pouco mais avançada... E é para pessoas que já têm um blog ou um site, mas se você ainda não tem nenhum dos itens acima, isso pode lhe servir muito mais tarde.

(não se preocupe se você não entender muito bem esta seção, em suma, o objetivo desta, é trazer seus seguidores do Instagram, seu blog ou site, para comprar seus produtos ou contratar seus serviços)

Seu site e blog é algo de que você deve se orgulhar. O mais provável é que você tenha investido seu dinheiro e tempo para torná-lo uma ótima ferramenta para servir seus clientes e também para gerar clientes potenciais. No entanto, a inclusão de links externos para o seu site é a melhor ideia? Links podem manter as pessoas longe de seu site ou distraí-las da leitura de seu conteúdo.

Não se preocupe, os links são uma prática comum esperada e também respeitada por todos os tipos de usuários, por isso é improvável que danifique o seu site. Aqui estão quatro benefícios que você pode obter ao incluir links externos para seus sites ou blogs;

1. Torna seu blog ou site um recurso mais valioso e escalável

-

Não importa o tamanho do seu site, ele nunca poderá conter todas as informações relevantes ou valor que um usuário possa estar procurando. Portanto, faz muito sentido usar o poder dos links externos para criar um caminho escalável e fácil para tornar a sua experiência no site melhor e mais gratificante. Isto não só recompensa as marcas às quais você se ligou, mas também dá ao seu site a oportunidade de se tornar um recurso de referência.

2.   Os motores de busca são propensos a recompensar o comportamento algorítmico

-

Os motores de busca gastam tempo a analisar spam. Ao fazê-lo, procuram ligações com sinais de qualidade em vez de spam. Embora certamente valha a pena considerar os links que você usou, os links que você enviou podem ser úteis e utilizáveis da mesma forma. Locais com baixa qualidade de sinal geralmente se ligam ao lixo substancialmente em comparação com locais com alta qualidade de sinal. Estas redes de confiança e valor podem ser usadas algoritmicamente pelos motores de busca para criar melhores resultados de pesquisa. Use esta vantagem e link para os recursos que você sabe que seus usuários, bem como os motores, vão adorar.

4) *As relações externas incentivam o contributo positivo e a participação*

Há muitas pessoas na web que são inteligentes, talentosas e muito dedicadas que podem contribuir e fazer seus esforços com sucesso. Quando você inclui links externos para o seu site, especialmente de forma consistente e orientada a oportunidades, você está criando incentivos para que construtores de sites, participantes de fóruns e outros usuários se comprometam com o seu site. Os incentivos trazem valor que irá essencialmente construir o seu site.

Há muitas boas razões pelas quais a inclusão de links externos é adequada para o seu site. Para maximizar o seu site, considere isto como uma dica.

Estratégias simples mas poderosas para aumentar os seus seguidores

Ter um grande acompanhamento Instagram pode ser muito lucrativo para o marketing e condução de tráfego livre para o seu site. Mas há mais do que um simples conjunto de números. O simples facto de ter muitos seguidores não significa necessariamente nada. A chave é ter seguidores activos - pessoas que não só o seguem, mas também gostam e comentam as suas mensagens. Estas são as pessoas a quem queres dirigir-te à medida que aumentas a tua audiência.

Todos nós já ouvimos falar de pessoas que compram seguidores do Instagram, e embora eles tenham um número impressionante de dezenas e centenas de milhares, esses seguidores não significam nada. São de natureza puramente estética. Não é isso que estamos a tentar fazer. Queremos interagir com o nosso público.

➢ *Seja consistente*

Há algumas coisas simples que podemos implementar para ajudar nossos seguidores a crescer organicamente. A primeira é publicar de forma consistente. Isto significa que você quer publicar uma vez por dia (ou a cada dois dias, ou duas vezes por dia, encontrar o que melhor se adapta às suas necessidades) e tentar mantê-lo mais ou menos à mesma hora todos os dias. Mas isso não é tudo, também significa que tens de te manter fiel a um determinado tópico. Claro, você pode absolutamente postar uma bela foto de paisagem um dia, e uma foto de um jogo de computador para o outro, mas a coisa mais benéfica é manter um tema para todas as suas mensagens.

➤ *Interagir com seus seguidores*

Tens a consistência em baixo, e isso é óptimo, mas não acaba aqui. Você também deve estar interagindo com a comunidade do Instagram. Quando alguém comentar sua mensagem, reserve um tempo para reconhecer esse comentário, como se você gostasse dele, e responda a ele. Você notará uma maior interação com o tempo se tomar a iniciativa de falar com seus seguidores.

A sua interacção não pára nos seus postos. Você também deve gastar tempo todos os dias navegando nos hashtags que são relevantes para as informações que você compartilha no Instagram.

Conforme você se movimenta pelo site, é importante que você continue a gostar e comentar sobre as publicações. Qual é a melhor maneira de atrair pessoas para o seu site? Mostre apreço genuíno pelo seu site!

> ### Ganhar seguidores rapidamente, seguindo e desobedecendo

Se você está olhando para acumular rapidamente um grande número de seguidores, há uma estratégia bastante simples e direta que você pode seguir que provou seu valor vezes sem conta. Isso requer que você encontre páginas com grandes seguidores que sejam semelhantes em conteúdo ao seu. Então, além de seguir as regras básicas de publicação consistente dentro do seu tópico, e manter uma interação constante com seus seguidores e a comunidade em geral, você irá para a página de sua escolha e seguirá seus seguidores. Normalmente, você quer continuar entre 25 e 35 em uma única sessão. Então devias dar-lhes tempo para te seguirem de volta. Se você quiser aumentar suas chances de obter um seguidor em troca, você pode gostar e comentar sobre algumas de suas entradas quando você segui-los. Depois de lhes ter dado tempo para segui-lo, você vai desdobrar toda a página que você já seguiu antes. Em seguida, basta enxaguar e repetir, e você vai descobrir que o número de seguidores aumenta rapidamente com seguidores reais, de qualidade.

O crescimento do seu acompanhamento Instagram pode ser muito importante para fins comerciais. Se você seguir as regras básicas, publicar conteúdo de alta qualidade e estão dispostos a investir tempo e trabalho, você pode facilmente ver um aumento de seguidores quase que imediatamente.

Atração no Instagram

As estatísticas indicam que o Instagram é um dos sites de mídia social mais populares do mundo, com pelo menos 300 milhões de usuários ativos por dia. Eles contribuem para mais de 40 bilhões de imagens compartilhadas na plataforma até hoje. Esses números fizeram do Instagram o site de referência para empreendedores que desejam expandir seus negócios.

No entanto, muitas pessoas têm usado o Instagram incorretamente, resultando em tração lenta. Algumas das principais personalidades do Instagram sabem que o segredo para ganhar tração é organizar concursos e sorteios para ganhar atração.

➢ *Concursos*
-

Os concursos são uma das formas comprovadas de obter a atração, o que lhe dá a oportunidade de ser abertamente criativo com o seu conteúdo o mais possível. Existem diferentes tipos de concursos que você pode organizar, tais como

Questionários de comentários: - Se o objetivo principal é gerar feedback sobre seus produtos ou serviços e aumentar o engajamento subseqüente, os concursos de comentários são o caminho a seguir. Basta carregar uma foto e pedir aos seus seguidores para comentar sobre o post para ter uma chance de ganhar o prêmio. Sempre peça aos seus seguidores para etiquetar outros usuários.

Concurso de fotos: - Peça aos usuários

para postar uma foto em suas contas pessoais e usar uma hashtag de sua escolha - isso o ajudará a encontrar os ingressos para escolher um vencedor. Para garantir a atração e o desejo, peça a seus seguidores e fãs para postar criativamente fotos deles usando seu produto e/ou serviço.

Este tipo de concurso também pode incluir pedir aos seus fãs que publiquem uma das suas mensagens para que tenham a oportunidade de ganhar.

> ## *Presentes*

O objetivo da competição é atrair os fãs certos, e a melhor maneira de encontrar esses usuários é oferecer presentes que são relevantes para a sua marca e seus fãs. Os tipos certos de presentes são aqueles relacionados à sua marca, para trazer o tipo certo de interação.

Basta dar as regras na seção de legendas ou fornecer um link para o seu site com uma página de destino que fornece todas as regras para ganhar o sorteio. Isso permite que você mantenha suas mensagens curtas e doces.

Tudo se resume a espalhar a palavra sobre os seus concursos e sorteios. Hashtags são a melhor maneira de espalhar a palavra e acompanhar as entradas. Olhe para as contas das empresas líderes em seu nicho e observe o tipo de hashtags que eles estão usando. A combinação certa de hashtags aumentará a exposição de seus concursos e presentes, trazendo mais tração.

Conclusão: A função de vídeo do Instagram

O conteúdo de vídeo do Instagram tem se tornado cada vez mais popular nas mídias sociais recentemente e, portanto, é extremamente vantajoso para qualquer pessoa que deseje se comercializar para fazer uso desse recurso. Essa mudança mostra que cada vez mais empresas, sejam pequenas ou grandes, estão começando a se comunicar visualmente com seus seguidores, clientes e fãs.

O recurso de vídeo é uma das plataformas mais populares que lhe permitirá aproveitar o poder do marketing!

Com mais de 150 milhões de usuários, o

Instagram é a melhor plataforma para compartilhar. Ele permite que você compartilhe não apenas fotos, mas também vídeos curtos. Há milhões e milhões de vídeos compartilhados diariamente, o que é uma grande razão pela qual se deve usar esta plataforma. Abaixo estão algumas das principais vantagens de usar esta função:

> ### *Maior compromisso*

Ao contrário das entradas de vídeo no Twitter ou no Facebook, que às vezes são negligenciadas pelos usuários, independentemente de sua qualidade, os vídeos do Instagram raramente são perdidos. De acordo com um estudo da Forrester, os vídeos do Instagram geram mais engajamento 58 vezes do que o Facebook e 120 vezes do que o Twitter. Ter uma conta no Instagram com conteúdo interessante e útil pode te dar um com níveis loucos de envolvimento com o público.

> ### *Construindo Personalidade e Confiança*

Como o conteúdo está se tornando cada vez mais popular, uma das principais vantagens de usar o recurso de vídeo é que ele ajuda a construir confiança. As pessoas compram de pessoas em quem podem confiar, e o recurso de vídeo do Instagram ajudará você a criar essa conexão emocional com seu público. A coisa mais importante aqui é que este recurso permite que você compartilhe sua experiência diária de uma forma informal e informal, dando aos fãs, fãs e clientes um senso de negócio.

O compartilhamento de atividades nos bastidores foi identificado como um bom exemplo para o Instagram, especialmente se for um provedor de serviços. Estes vídeos tornam a empresa mais confiável e atraente, o que por sua vez tem um impacto positivo sobre o marketing da empresa.

➢ *Aumento do tráfego*

Embora você não possa adicionar links a vídeos, eles ainda são uma fonte dominante de tráfego. Além disso, com níveis de engajamento superiores aos do Twitter e do Facebook, o uso do recurso de vídeo pode ser tremendamente útil para a visibilidade do seu site.

➢ *Ganhar uma vantagem competitiva*

A concorrência no Instagram ainda é

muito menor do que no Twitter ou no Facebook. A American Express Survey informou que quase 2% das pequenas empresas estão atualmente adotando o recurso de vídeo do Instagram e ganharam uma vantagem sobre seus concorrentes. Portanto, é claro que ao usar o recurso de vídeo, você provavelmente alcançará seu público-alvo mais rápido e fácil.

➢ *Publicidade gratuita*

Sim, é verdade. A grande vantagem de usar a função de vídeo do Instagram é a publicidade gratuita. Pode-se mostrar seus serviços e produtos em ação gerando uma grande exposição. O recurso oferece a oportunidade de mostrar o que você está oferecendo.

Aceite o recurso de vídeo e você será

recompensado!

Agora sim, desejo-lhe o melhor em seus resultados, e lembre-se, tudo é prático; teoria sem ação não tem utilidade para você.

Um grande abraço, o teu amigo Gaston!

By the way, quando você conseguir seus resultados pouco a pouco, eu recomendo altamente que você, se você quiser aprender muito mais sobre os métodos de ganhar dinheiro, o meu livro, sobre "Ganhar dinheiro com a sua conta PINTERESTES", é um livro que eu tenho certeza que vai ajudá-lo muito no seu caminho para a "liberdade financeira". Sem mais delongas, você pode encontrá-lo no motor de busca da Amazônia, como: "Ganhe dinheiro com sua conta pinterest" ou procurando meu nome, como: "Gaston

Echevarria"... Mais uma vez, desejo-lhe sucesso nos seus resultados!

www.ingramcontent.com/pod-product-compliance
Lightning Source LLC
Chambersburg PA
CBHW072017230526
45468CB00021B/1644